Außerdem von Maja Säfström lieferbar:
Pinguine sind kitzlig. Bienen schlafen nie und keiner schwimmt so langsam wie das Seepferdchen

Besuchen Sie uns auf www.penguin-verlag.de und Facebook.

MAJA SÄFSTRÖM

PINGUINE KUSCHELN GERN

Aus dem Englischen
von Elvira Willems

EICHHÖRNCHEN HABEN MILCHZÄHNE UND KAMELKINDER KEINE HÖCKER

VERBLÜFFENDES ÜBER TIERBABYS

PENGUIN VERLAG

LIEBE LESERINNEN UND LESER,

IM TIERREICH GIBT ES VIELE VERSCHIEDENE BABYS, ELTERN UND FAMILIEN.

EINIGE DAVON STELLE ICH IHNEN IN DIESEM BUCH VOR!

MANCHE TIERKINDER LEBEN SEHR LANGE BEI IHREN FAMILIEN; ANDERE MÜSSEN RASEND SCHNELL ERWACHSEN WERDEN.

ALLE TIERE MÖCHTEN, GENAU WIE WIR, DASS IHR NACHWUCHS GESUND UND STARK HERANWÄCHST.

ICH HOFFE, SIE HABEN SPAß AN DIESEM BUCH, LERNEN ETWAS NEUES UND WERDEN DARAN ERINNERT, VON WELCH ERSTAUNLICHER VIELFALT DAS TIERREICH IST.

JEDER **DELFIN** HAT SEINEN GANZ BESONDEREN LAUT. GENAU WIE WIR NAMEN HABEN!

EIN TRÄCHTIGES DELFINWEIBCHEN
SINGT IHREM KIND ETWAS VOR,
SOLANGE ES IN IHREM BAUCH IST,
DAMIT ES NACH DER GEBURT IHRE
STIMME WIEDERERKENNT.

FLEDERMÄUSE

BRINGEN IHRE KINDER OFT KOPFÜBER HÄNGEND ZUR WELT.

DANN DIENT DIE NABELSCHNUR ALS RETTUNGSLEINE, AN DER DAS JUNGE HOCH ZU SEINER MUTTER KLETTERN KANN, FALLS ES IHR NICHT GELUNGEN IST, ES MIT DEN FLÜGELN AUFZUFANGEN.

WENN EINE FLEDERMAUSMUTTER IHR JUNGES TRANSPORTIEREN MUSS, DARF ES SICH IM FLUG AN IHREN BAUCH KLAMMERN.

PLUMPLORI-

ELTERN SCHÜTZEN IHREN NACHWUCHS VOR RAUBTIEREN, INDEM SIE IHN MIT EINEM GIFT EINREIBEN, DAS IN EINER DRÜSE AN IHREN ARMEN PRODUZIERT WIRD!

EIER

BEI DER PAARUNG DER

BANGGAI-KARDINALBARSCHE

ÜBERGIBT DAS WEIBCHEN DIE EIER DEM MÄNNCHEN IN DEN MUND.

ES BRÜTET SIE BEHUTSAM AUS, BIS DIE JUNGEN UNGEFÄHR EINEN MONAT SPÄTER SCHLÜPFEN.

WÄHREND DIESER GANZEN ZEIT FRISST DER WERDENDE VATER NICHTS!

← ABER DAS WEIBCHEN BLEIBT IN DER NÄHE UND KÜMMERT SICH UM IHN.

DIE JUNGFISCHE BLEIBEN NACH DEM SCHLÜPFEN NOCH EIN PAAR TAGE IN SEINEM MAUL, BIS ES AN DER ZEIT IST, DAS ZUHAUSE ZU VERLASSEN.

EICHHÖRNCHEN HABEN, WENN SIE KLEIN SIND, MILCHZÄHNE, GENAU WIE MENSCHENKINDER.

(DAS GILT ÜBRIGENS FÜR FAST ALLE SÄUGETIERE!)

DU BIST TROTZDEM ETWAS GANZ BESONDERES.

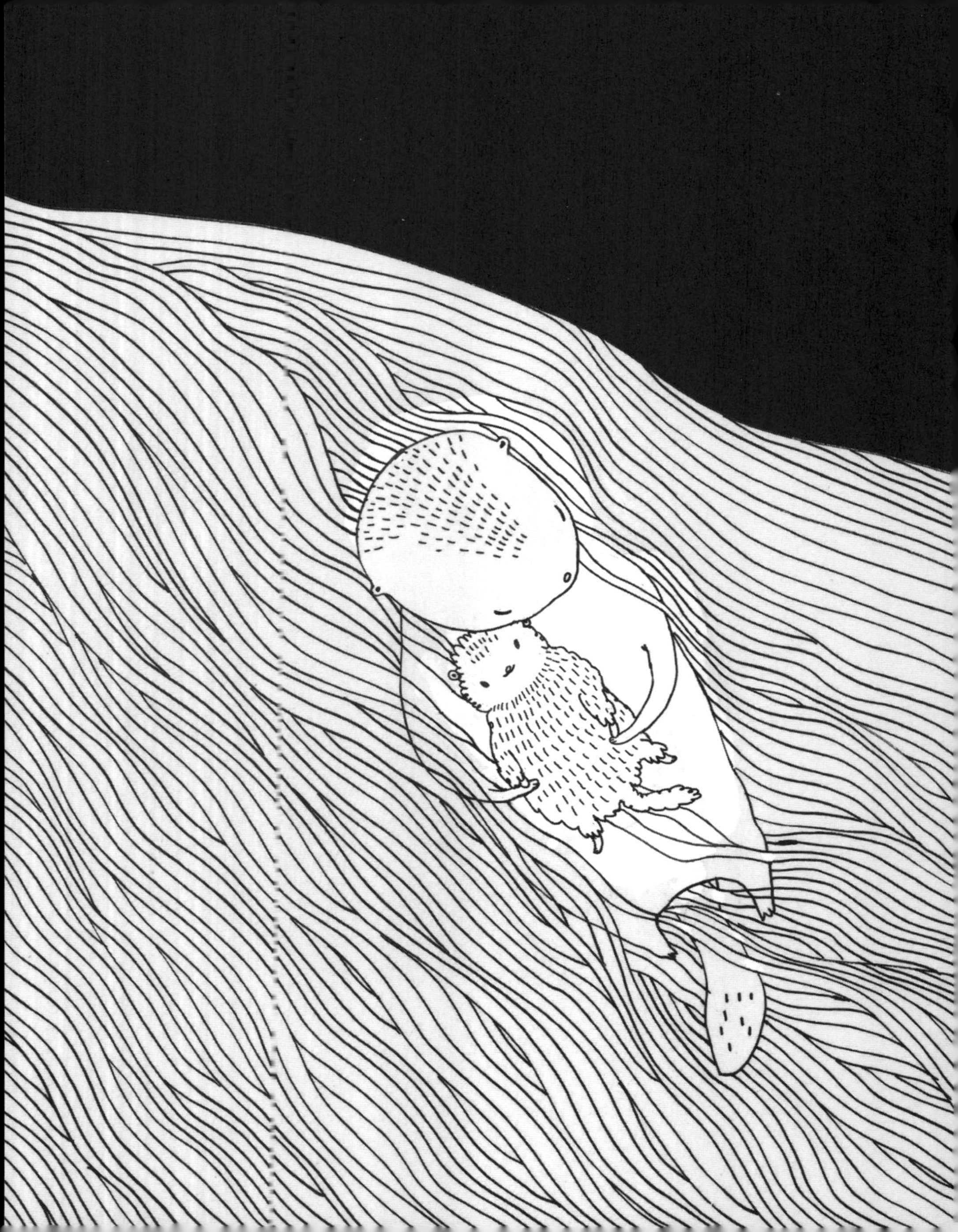

SEEOTTER

KÖNNEN BEI IHRER GEBURT NICHT SCHWIMMEN, DESWEGEN VERBRINGEN SIE DIE ERSTEN LEBENSMONATE IM WASSER AUF DEM BAUCH DER MUTTER.

ABER DIE MUTTER KANN DAS BESONDERS DICKE GEBURTSFELL DES JUNGTIERS SO **FLAUSCHIG** STRIEGELN, DASS ES EIN PAAR MINUTEN AUF DEM WASSER TREIBT, WÄHREND SIE HINUNTERTAUCHT, UM NAHRUNG ZU HOLEN.

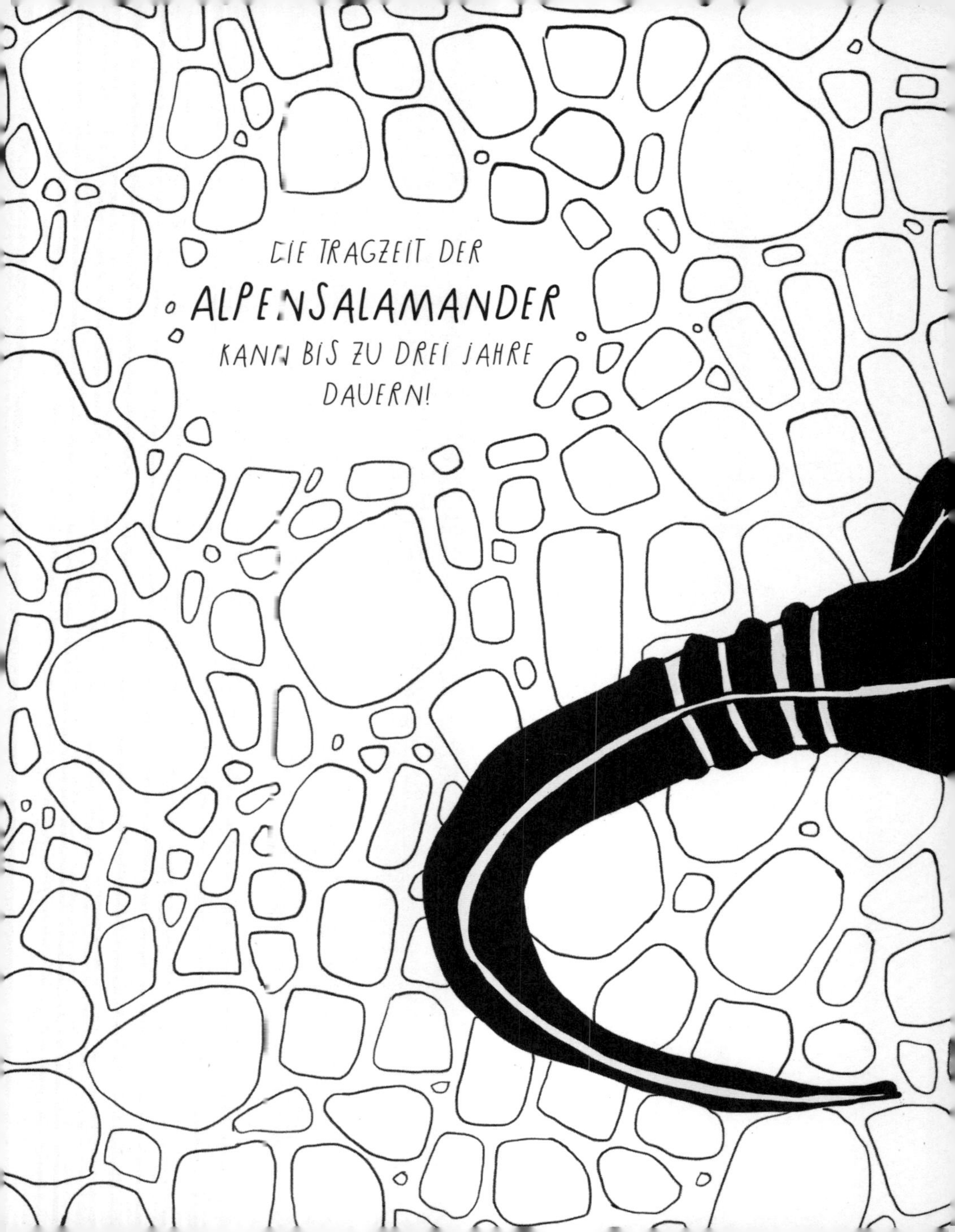
DIE TRAGZEIT DER
ALPENSALAMANDER
KANN BIS ZU DREI JAHRE
DAUERN!

JETZT KANN ES JEDES JAHR SO WEIT SEIN ...

MANCHE HAIE LEGEN
EIER, ABER DER

SANDTIGERHAI

BRINGT LEBENDE JUNGE
ZUR WELT.

(ALLERDINGS IMMER
NUR ZWEI JUNGE AUF
EINMAL.)

DIE BRÜDER UND SCHWESTER FRESSEN SICH IM BAUCH GEGENSEITIG AUF ...

BIS NUR NOCH DIE ODER DER STÄRKSTE ÜBRIG IST.

DASS ZWEI JUNGE ZUR WELT KOMMEN UND NICHT NUR EINES, LIEGT DARAN, DASS SANDTIGERHAIE ZWEI GETRENNTE GEBÄRMUTTERSÄCKE BESITZEN.

(VERWANDTE DER STRAUßE)

BEI DEN **NANDUS** IST DER HAHN FÜR DAS BRÜTEN VERANTWORTLICH. ER KÜMMERT SICH AUCH ALLEIN UM DIE KÜKEN.

BIS ZU ZWÖLF EIER VON VERSCHIEDENEN HENNEN.

SCHWESTERN UND
BRÜDER VON
VERSCHIEDENEN
MÜTTERN.

KAMELFOHLEN KOMMEN OHNE HÖCKER ZUR WELT.

NASENAFFENBABYS …

UND WENN SIE ERWACHSEN SIND, SEHEN SIE EHER SO AUS!
TROTZDEM SÜß.

BEI DEN **TASMANISCHEN TEUFELN** KANN EIN WURF 20 BIS 30 JUNGE GROß SEIN. ABER NUR DIE ERSTEN VIER, DIE AN DIE MILCHDRÜSEN DER MUTTER GELANGEN, ÜBERLEBEN. DIE ANDEREN STERBEN INNERHALB WENIGER MINUTEN.

ABER DAS IST NICHT SO GRAUSAM, WIE ES KLINGT. TASMANISCHE TEUFEL SIND BEUTELTIERE. ← WIE KÄNGURUS UND KOALAS

WENN DIE JUNGEN »GEBOREN« WERDEN, SIND SIE SO GROß (KLEIN) WIE EIN REISKORN. SIE ENTWICKELN SICH IM BEUTEL DER MUTTER NOCH MEHRERE MONATE WEITER, BIS SIE SO WEIT SIND, IN DIE WELT HINAUSZUZIEHEN.

WIR WAREN MAL 20.
ABER JETZT SIND NUR NOCH WIR ÜBRIG.
WEIL WIR GEWONNEN HABEN.
WIR WAREN DIE BESTEN.

DIE EIER VON

FALKENKÄUZEN

SIND RICHTIG RUND!

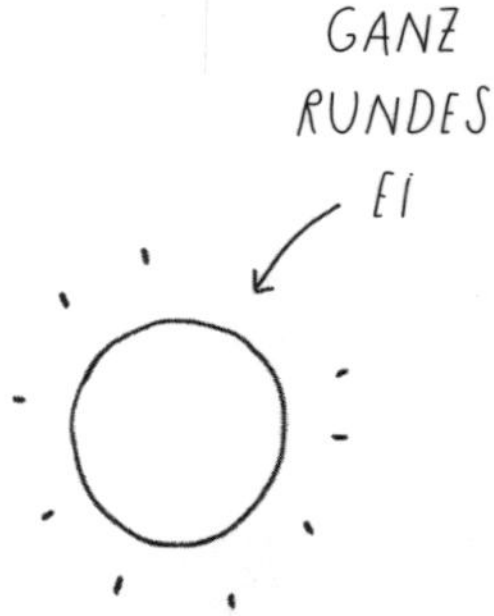

UND IHRE
KÜKEN SIND
AUCH ZIEMLICH
RUND.

NILKROKODILE

VERGRABEN IHRE EIER OFT IN SANDDÜNEN UND BEWACHEN SIE DORT, BIS DIE JUNGEN SCHLÜPFEN. ← (FÜR UNGEFÄHR DREI MONATE)

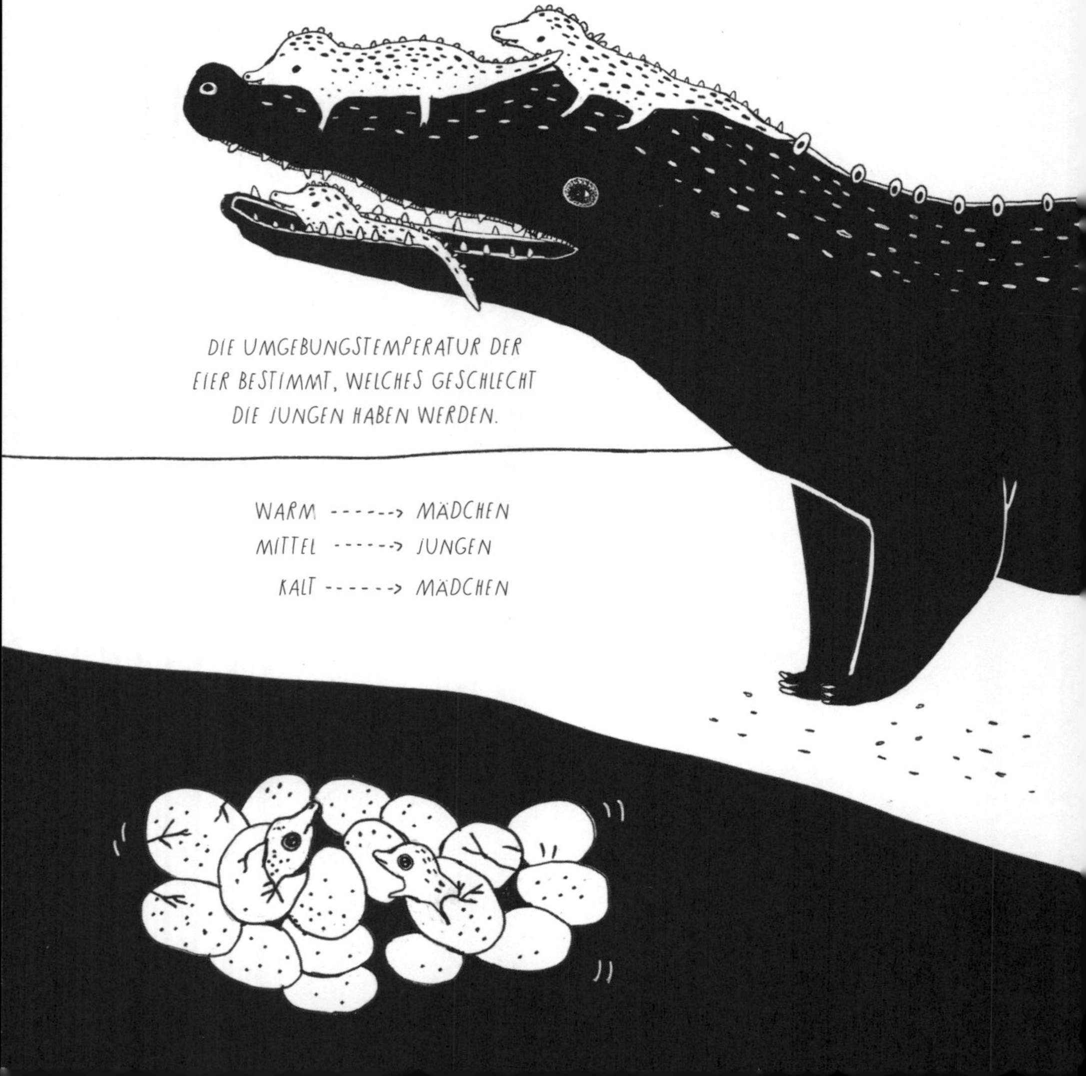

DIE UMGEBUNGSTEMPERATUR DER EIER BESTIMMT, WELCHES GESCHLECHT DIE JUNGEN HABEN WERDEN.

WARM ------> MÄDCHEN
MITTEL ------> JUNGEN
KALT ------> MÄDCHEN

DIE KROKODILBABYS GEBEN IM INNERN DER EIER LAUTE VON SICH, UM IHREN ELTERN ZU SIGNALISIEREN, DASS SIE SIE JETZT AUSGRABEN SOLLEN, DAMIT SIE SCHLÜPFEN KÖNNEN!

MANCHMAL HELFEN DIE ELTERN IHREN SCHLÜPFLINGEN SOGAR BEIM RAUSKOMMEN, INDEM SIE DIE EIER BEHUTSAM IM MAUL ZERDRÜCKEN.

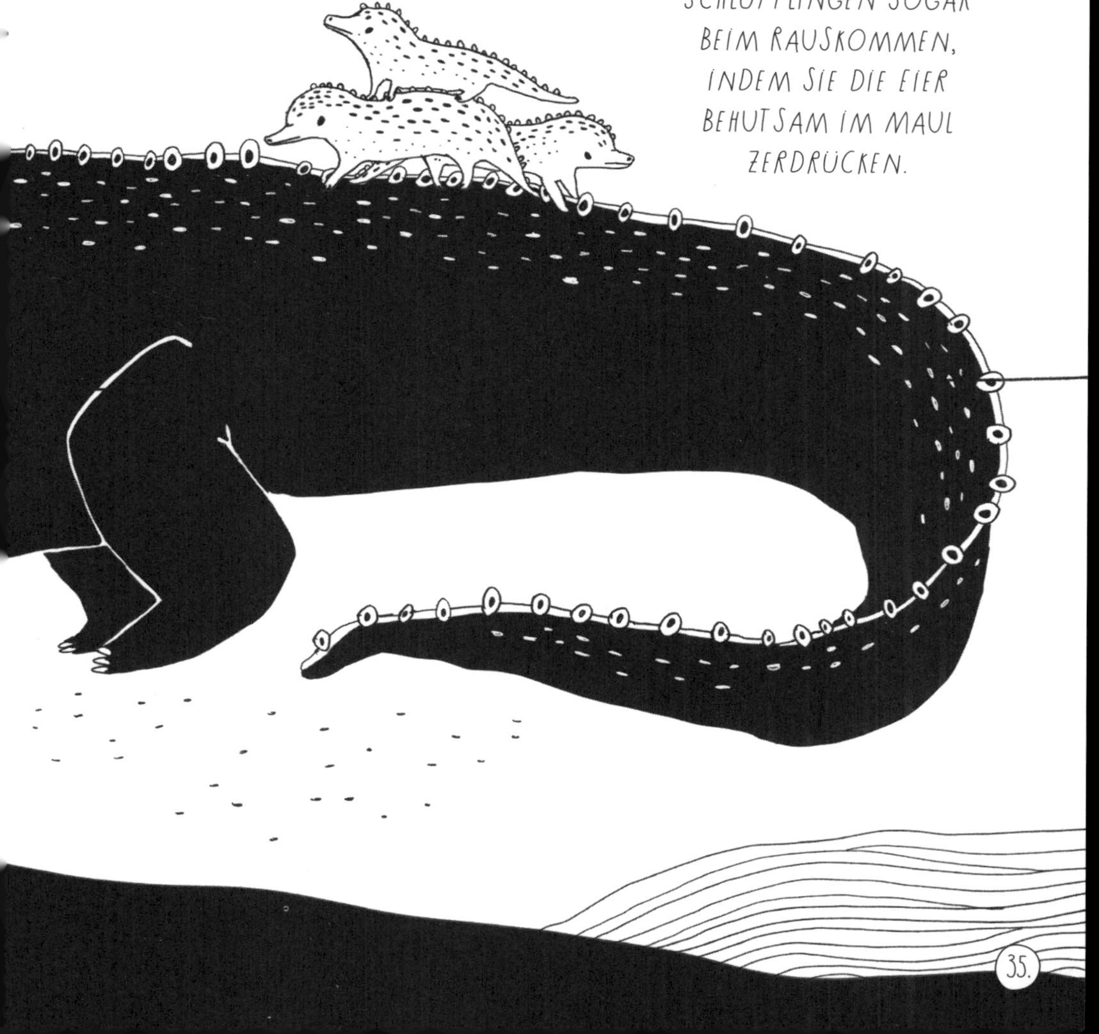

WENN DIE ZEIT ZUM NISTEN KOMMT,
SUCHEN DIE PAARE DES

SÜDLICHEN GELBSCHNABELTOKOS

EIN LOCH IN EINEM BAUM UND
BEREITEN ES ZUSAMMEN VOR.

WENN ALLES FERTIG IST, SCHLÜPFT DAS
WEIBCHEN HINEIN UND VERSCHLIEßT
DEN EINGANG MIT IHREM FÄZES. ←

VORNEHMES WORT FÜR »KACKA«

DANN LEGT SIE IHRE EIER UND VERLIERT
DEN GRÖßTEN TEIL IHRER FEDERN.

DAS MÄNNCHEN MUSS SIE DANN
DURCH EINE KLEINE ÖFFNUNG IN DER
(KACKA-)MAUER FÜTTERN.

DREI WOCHEN NACH DEM SCHLÜPFEN
DER KÜKEN SIND DER MUTTER NEUE
FEDERN GEWACHSEN, UND SIE BRICHT
AUS DEM NEST AUS.

DIE KÜKEN BAUEN DIE MAUER WIEDER
AUF UND BLEIBEN NOCH SECHS
WOCHEN IM NEST, BIS ES FÜR SIE
AN DER ZEIT IST, DAS ZUHAUSE ZU
VERLASSEN!

WIESO MACHEN DAS NICHT ALLE TIERE SO? WO ES DOCH SO PRAKTISCH IST!
BRING MIR MEHR FUTTER. ICH BIN NACKT UND HUNGRIG HIER DRIN.

NILPFERDE

HALTEN SICH HAUPTSÄCHLICH IN FLÜSSEN UND SEEN AUF. SIE BRINGEN SOGAR IHREN NACHWUCHS IM WASSER ZUR WELT!

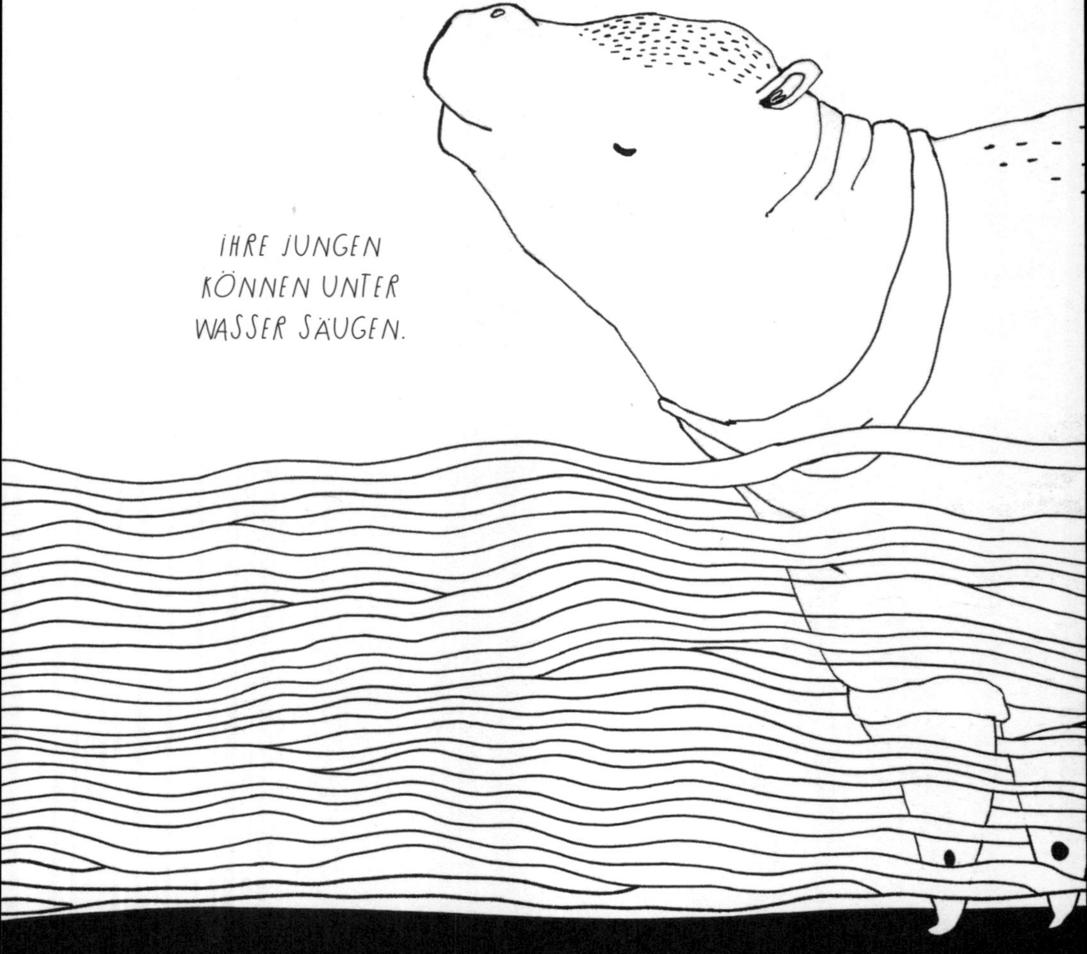

IHRE JUNGEN KÖNNEN UNTER WASSER SÄUGEN.

OBWOHL SIE DAS WASSER LIEBEN, SIND NILPFERDE KEINE BESONDERS GUTEN SCHWIMMER.

WENN DAS WASSER FÜR DIE JUNGEN ZU TIEF IST, KLETTERN SIE AUF DEN RÜCKEN DER ELTERN, UM SICH AUSZURUHEN!

EINSIEDLERKREBSE

HABEN WEICHE, VERLETZLICHE KÖRPER. DESWEGEN MÜSSEN SIE SICH, WÄHREND SIE WACHSEN, IMMER WIEDER NEUE (VON ANDEREN ABGELEGTE) GEHÄUSE SUCHEN, UM DORT EINZUZIEHEN.

SIE BEVORZUGEN ALTE SCHNECKENHÄUSER, ABER WENN SIE KEINE SOLCHEN FINDEN, ZIEHEN SIE IN ALLES EIN, WAS EINE GEEIGNETE FORM HAT, ETWA EIN STÜCK HOLZ ODER EIN GESTEIN.

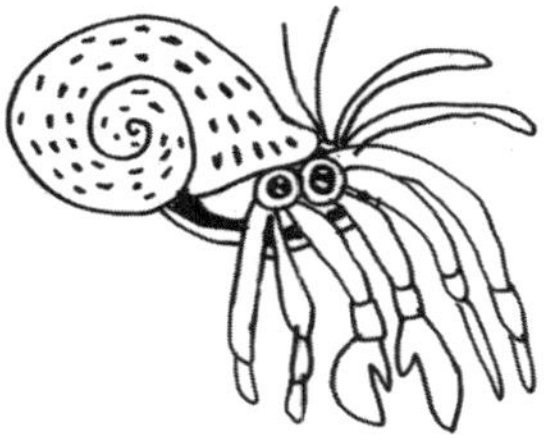

WENN EIN EINSIEDLERKREBS EIN LEERES GEHÄUSE FINDET, DAS IHM ZU GROß IST, HOCKT ER SICH DANEBEN UND WARTET, BIS EIN GRÖßERER FREUND VORBEIKOMMT.

MANCHMAL VERSAMMELN SICH VIELE KREBSE, BIS EINER KOMMT, DER IN DAS NEUE GEHÄUSE PASST. DANN REIHEN SIE SICH DER GRÖßE NACH AUF UND TAUSCHEN DIE GEHÄUSE, BIS ALLE EIN NEUES HABEN!

WILDSCHWEINE LAUFEN OFT IN EINER REIHE HINTEREINANDER HER.

UND SO SEHEN
IHRE BABYS AUS!
(UNGEFÄHR.)

↓

EIN HONIGBIENENVOLK BESTEHT AUS:

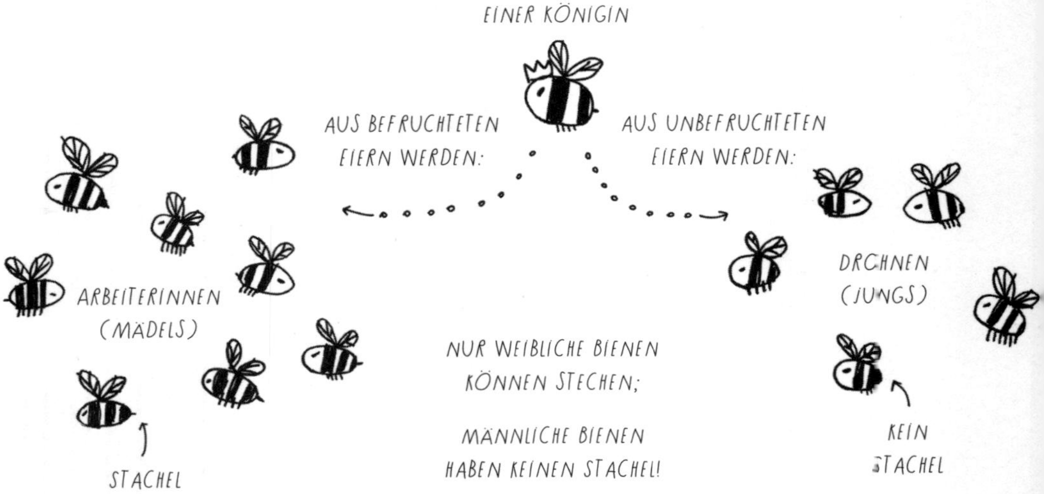

ARBEITERINNEN HABEN JE NACH ALTER VERSCHIEDENE AUFGABEN. ETWA SO:

ARBEITERINNEN, DIE IM SOMMER ZUR WELT KOMMEN, LEBEN NUR WENIGE WOCHEN.

WÄHREND DIE KÖNIGIN BIS ZU FÜNF JAHRE ALT WERDEN KANN!

UM EINE NEUE KÖNIGIN HERANZUZIEHEN, WIRD EIN BEFRUCHTETES EI IN EINE BESONDERS GROßE ZELLE, EINE SOGENANNTE WEISELZELLE, GELEGT.

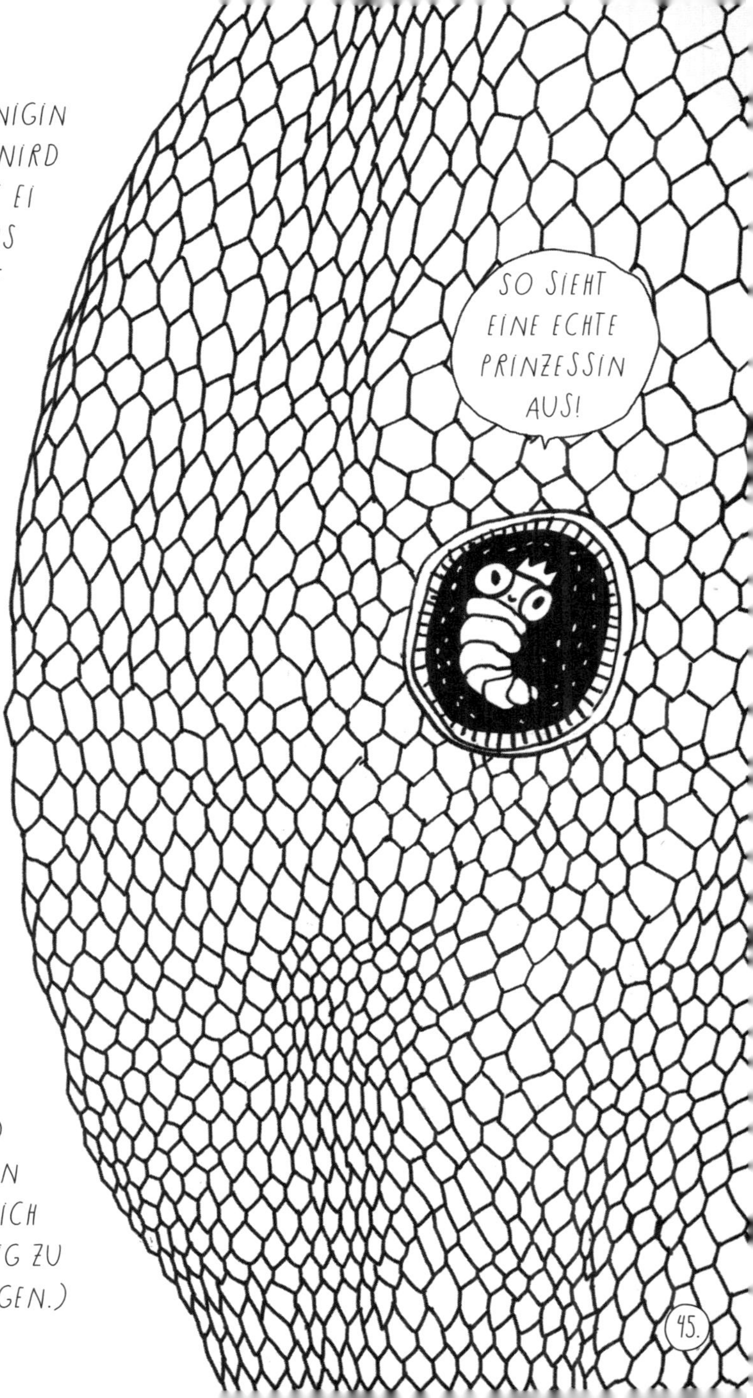

DANN WIRD DIE LARVE AUSSCHLIEßLICH MIT SEHR NAHRHAFTEM »GELÉE ROYALE« GEFÜTTERT. (WÄHREND NORMALE LARVEN HAUPTSÄCHLICH POLLEN UND HONIG ZU FRESSEN KRIEGEN.)

KAISERPINGUINE

VERSAMMELN SICH IM ARKTISCHEN WINTER ZU TAUSENDEN UND HELFEN SICH GEGENSEITIG BEI DER AUFZUCHT DES NACHWUCHSES.

PINGUINELTERN HABEN EINE ART TASCHE (BAUCHFALTE) ÜBER DEN FLOSSEN, IN DIE IHRE KÜKEN KRIECHEN KÖNNEN, UM SICH VOR DER KÄLTE ZU VERSTECKEN.

AUCH DIE KÜKEN WÄRMEN SICH GEGENSEITIG, INDEM SIE SICH IN GROßEN GRUPPEN DICHT ANEINANDERDRÄNGEN.

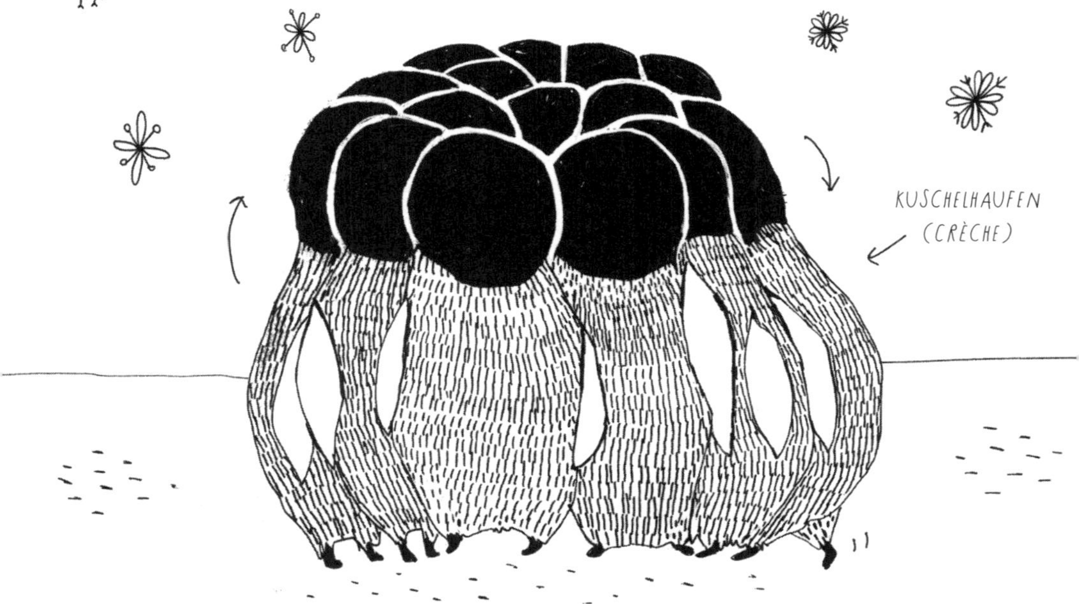

IN DER CRÈCHE MÜSSEN DIE JUNGVÖGEL UNABLÄSSIG VON INNEN NACH AUßEN WECHSELN, SONST WIRD ES DEN KÜKEN IN DER MITTE ZU WARM!

ELEFANTENSCHWESTERN BLEIBEN OFT IHR GANZES LEBEN LANG ZUSAMMEN UND KÜMMERN SICH GEMEINSAM UM IHRE KINDER (UND ENKELKINDER)!

STATT SICH AN DEN HÄNDEN ZU FASSEN, HALTEN ELEFANTEN EINANDER (MIT DEM RÜSSEL) AM SCHWANZ FEST.

WENN EIN ELEFANTENKIND ZUR WELT KOMMT, VERSAMMELT SICH DIE HERDE UND FEIERT MIT TROMPETENSTÖßEN!

DER **MONDFISCH** LEGT MEHRERE HUNDERT MILLIONEN EIER AUF EINMAL.

EIN MONDFISCH KANN BIS ZU VIER METER GROß WERDEN, ABER DIE FRISCH GESCHLÜPFTEN LARVEN SIND WINZIG UND TRANSPARENT.

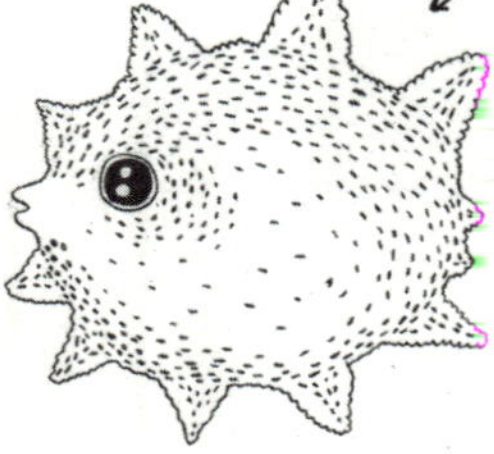

MONDFISCHLARVEN

TATSÄCHLICHE GRÖßE

KUCKUCKE

ZIEHEN IHREN NACHWUCHS NICHT SELBST AUF. DAS KUCKUCKSWEIBCHEN LEGT IHRE EIER STATTDESSEN IN DIE NESTER ANDERER VÖGEL.

KUCKUCKSEIER SIND SO ANGEPASST, DASS DIE KUCKUCKSKÜKEN MEIST VOR DEN ANDEREN VÖGELN SCHLÜPFEN. SOBALD EIN JUNGER KUCKUCK GESCHLÜPFT IST, WIRFT ER DIE ANDEREN EIER AUS DEM NEST, DAMIT ER DER EINZIGE NESTLING IST.

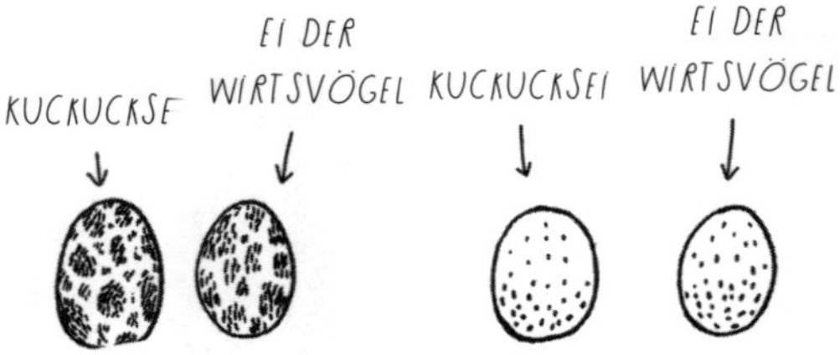

DAS KUCKUCKSEI SIEHT GENAUSO AUS WIE DIE EIER DER UNFREIWILLIGEN ADOPTIVELTERN.

BEI DEN

SEEPFERDCHEN

TRÄGT DER VATER DEN NACHWUCHS AUS.

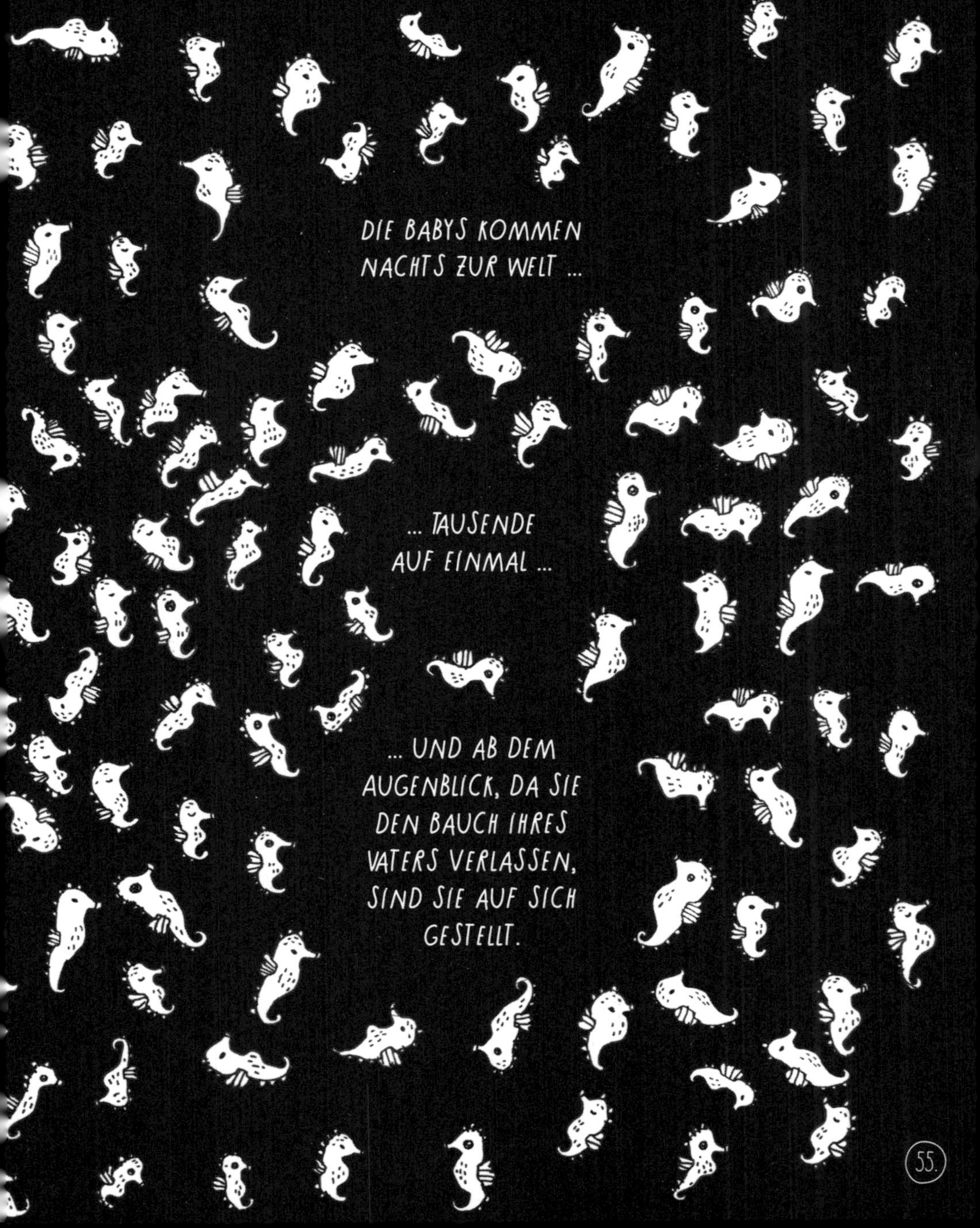

DIE BABYS KOMMEN NACHTS ZUR WELT …

… TAUSENDE AUF EINMAL …

… UND AB DEM AUGENBLICK, DA SIE DEN BAUCH IHRES VATERS VERLASSEN, SIND SIE AUF SICH GESTELLT.

SELBSTVERSTÄNDLICH. DU MUSST NUR VORHER NOCH EINE KLEINIGKEIT ERLEDIGEN ...
KANN ICH DAVON EIN STÜCK HABEN?

BEVOR EIN
KOALABABY
EUKALYPTUSBLÄTTER
FRESSEN KANN,
DIE SEHR SCHWER
VERDAULICH SIND,
MUSS DAS BABY DEN

DAS EINZIGE,
WOVON
ERWACHSENE
KOALAS SICH
ERNÄHREN ....

KOT

DER MUTTER
FRESSEN, UM
DIE RICHTIGEN
DARMBAKTERIEN
AUFZUNEHMEN.

EINIGE **STACHELROCHEN**
GEBÄREN LEBENDE JUNGE.
(SIE BEHALTEN DIE EIER <u>IM</u> KÖRPER,
BIS DIE JUNGEN GESCHLÜPFT SIND!)

NEUGEBORENE STACHELROCHEN SEHEN AUS WIE KLEINERE VERSIONEN IHRER ELTERN UND KÖNNEN ALLES, WAS DIESE KÖNNEN. SIE HABEN FÜR DIE SELBSTVERTEIDIGUNG SOGAR SCHON GIFT IM SCHWANZ.

DIE JUNGEN BLEIBEN MEHRERE JAHRE BEI IHREN MÜTTERN.

SIE BRINGT IHNEN WICHTIGE STACHELROCHENTRICKS BEI, ZUM BEISPIEL, WIE MAN SICH IM SAND VERSTECKT.

BEIM **HAMMERHUHN** (ODER MALEO) SITZEN DIE ELTERN NICHT AUF DEN EIERN, UM SIE AUSZUBRÜTEN. SIE VERBUDDELN VIELMEHR JEDES EINZELNE EI BEHUTSAM IM SAND. DIE KÜKEN MÜSSEN, SOBALD SIE SCHLÜPFEN, ALLEIN ZURECHTKOMMEN.

HAMMERHÜHNER SIND UNGEFÄHR SO GROß WIE UNSERE HAUSHÜHNER, ABER IHRE EIER SIND VIEL GRÖßER ALS HÜHNEREIER.

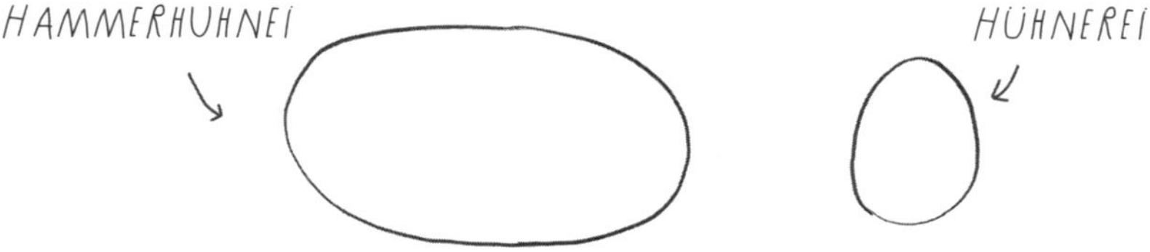

DIE KÜKEN KÖNNEN VOM ERSTEN TAG AN FLIEGEN.

KOMODOWARANE

VERBRINGEN DIE ERSTEN JAHRE IHRES LEBENS AUF BÄUMEN, UM SICH VOR DEN ERWACHSENEN KOMODOWARANEN ZU SCHÜTZEN, DIE SIE SONST FRESSEN WÜRDEN!

(KOMODOWARANE LEGEN IHRE EIER GERN IN ALTE NESTER VON HAMMERHÜHNERN!)

←- - - - - - - - - - - - - -

WILLST DU NICHT BALD MAL RUNTER-KOMMEN?
VERSPRICHST DU MIR, MICH NICHT ZU FRESSEN?
NÖÖ.

SO VERLÄUFT DIE KINDHEIT EINES

MARIENKÄFERS:

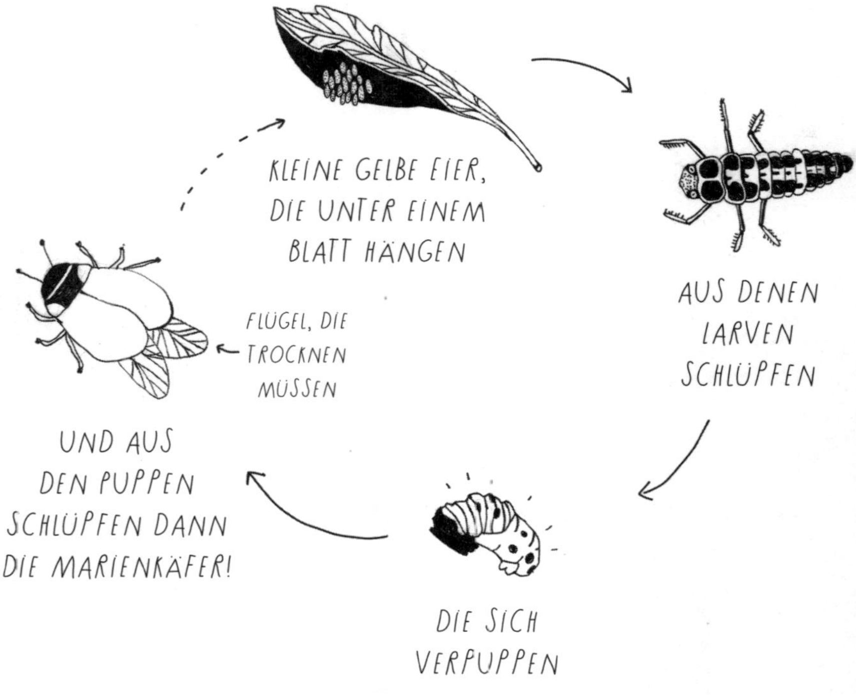

DIREKT NACH DEM SCHLÜPFEN IST DER MARIENKÄFER FEUCHT UND HELL GEFÄRBT. SOBALD DIE FLÜGELDECKE NACH EIN PAAR STUNDEN TROCKEN UND AUSGEHÄRTET IST, TAUCHEN DIE INTENSIVERE FARBE UND DAS MUSTER AUF.

ES GIBT TAUSENDE VON MARIENKÄFERARTEN, DIE ALLE UNTERSCHIEDLICH GEMUSTERT SIND.

EINIGE HABEN NICHT MAL PUNKTE!

WENN EIN **KANINCHEN**WEIBCHEN TRÄCHTIG IST, POLSTERT ES DAS NEST MIT SEINEM EIGENEN FELL AUS, DAMIT ES WEICH UND WARM IST.

WENN SIE DIE JUNGEN ZUR WELT GEBRACHT HAT, GEHT DIE MUTTER FORT UND BESUCHT SIE SO SELTEN WIE MÖGLICH, UM NICHT DIE AUFMERKSAMKEIT VON RAUBTIEREN AUF SIE ZU LENKEN.

BEVOR EIN **WOLFSSPINNEN**WEIBCHEN EIER LEGT, SPINNT SIE EINEN KOKON AUS SEIDE, IN DEM SIE DIE EIER MIT SICH HERUMTRÄGT, BIS DER NACHWUCHS SCHLÜPFT!

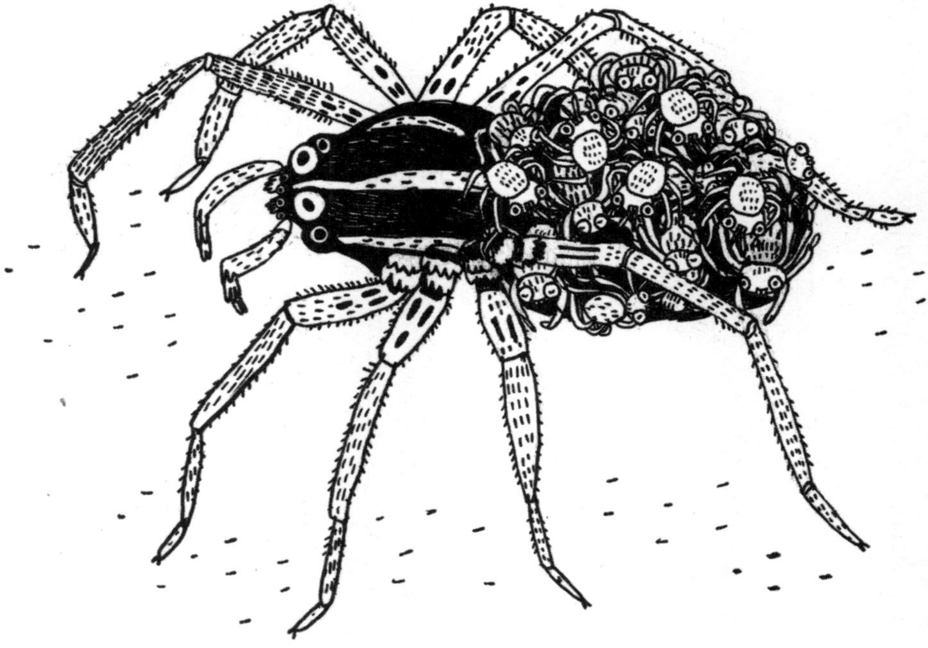

WENN DIE JUNGEN GESCHLÜPFT SIND, TRÄGT SIE SIE AUF DEM RÜCKEN MIT SICH!

SIND DIE JUNGEN SPINNEN GROß GENUG, UM DIE MUTTER ZU VERLASSEN, KLETTERN SIE ENTWEDER EINFACH AUF DEN BODEN ...

... ODER SIE MACHEN AN EINEM SEIDENFADEN EINEN WEITEN SPRUNG UND LASSEN SICH VOM WIND DAVONTRAGEN!

WENN **GEPARDEN**JUNGEN
GROß GENUG SIND, UM
IHRE MUTTER ZU VERLASSEN,
BILDEN SIE IHRE EIGENEN
GESCHWISTERGRUPPEN!

SOBALD SIE SO WEIT SIND, EIGENEN NACHWUCHS ZU BEKOMMEN, SEPARIEREN SICH DIE WEIBCHEN VON DER GRUPPE UND LEBEN ALLEIN, DOCH DIE BRÜDER BLEIBEN OFT IHR GANZES LEBEN LANG IM VERBAND ZUSAMMEN!

WENN EIN **PFEILGIFTFRÖSCHE** PAAR NACHWUCHS ERWARTET, HAT DER VATER DIE AUFGABE, DEN INHALT SEINER BLASE ÜBER DEN EIERN ZU ENTLEEREN, UM SIE FEUCHT ZU HALTEN.

SOBALD DIE KAULQUAPPEN GESCHLÜPFT SIND, BRINGEN DIE ELTERN SIE EINZELN ZU EINEM WASSERTROPFEN.

DIE MUTTER BESUCHT IHRE JUNGEN UND FÜTTERT SIE MIT UNBEFRUCHTETEN EIERN, BIS SIE EIN STÜCK GEWACHSEN SIND.

ERWACHSENE PFEILGIFTFRÖSCHE SIND KAUM GRÖßER ALS EIN FINGERNAGEL.

SCHAFE

ERKENNEN IHRE LÄMMER AN DER STIMME.

LÄMMER
WACKELN BEIM
SÄUGEN MIT
DEM SCHWANZ!

DAS LEBEN DER

EUROPÄISCHEN AALE

WAR LANGE ZEIT EIN RÄTSEL.

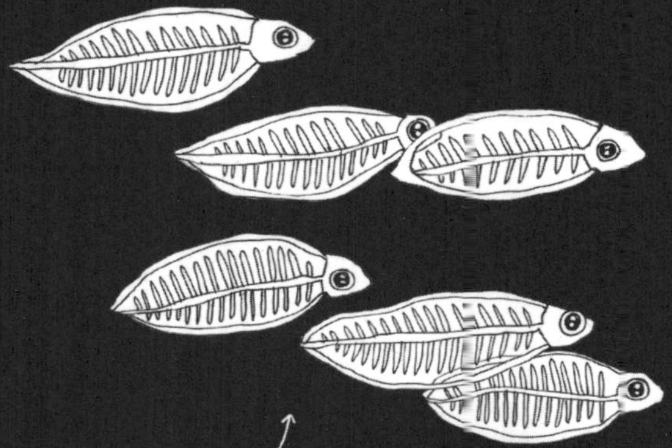

SIE SCHLÜPFEN IN DER SARGASSOSEE UND LASSEN SICH VOM GOLFSTROM NACH EUROPA TRAGEN.

DURCHSICHTIGE AALLARVEN

5000 KILOMETER

KOSTENLOSER TRANSPORT (EINFACHE FAHRT)

JE NÄHER SIE DER KÜSTE KOMMEN, DESTO RUNDER WERDEN IHRE KÖRPER.

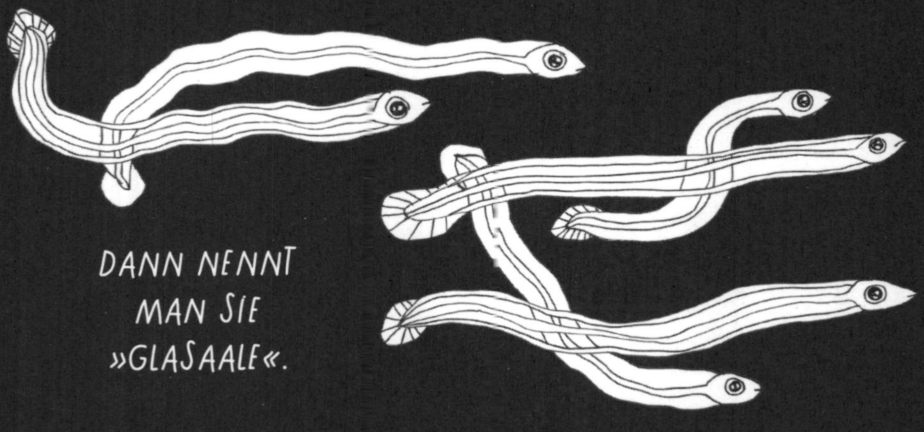

DANN NENNT MAN SIE »GLASAALE«.

WENN SIE ANKOMMEN, NEHMEN SIE EINE GELBE FARBE AN UND PASSEN SICH AN DAS LEBEN IN SEEN UND FLÜSSEN AN.

SOBALD ES ZEIT FÜR EIGENEN NACHWUCHS WIRD, MÜSSEN SIE DEN GANZEN WEG ZURÜCK ZUR SARGASSOSEE <u>SCHWIMMEN</u>.

UM ES ÜBER DEN ATLANTIK ZU SCHAFFEN, WECHSELN SIE DIE FARBE ZU SILBRIG-GRAU UND IHR VERDAUUNGSSYSTEM BILDET SICH ZURÜCK ... SIE KÖNNEN <u>NIE</u> WIEDER FRESSEN.

BEI DEN

ERDMÄNNCHEN

DARF NUR DAS DOMINANTE WEIBCHEN DER GRUPPE NACHWUCHS BEKOMMEN.

DOCH ALLE KÜMMERN SICH ZUSAMMEN UM DIE JUNGEN UND BRINGEN IHNEN WICHTIGE ERDMÄNNCHEN-FERTIGKEITEN BEI, ZUM BEISPIEL, WIE MAN WACHE HÄLT, OHNE EINZUSCHLAFEN.

DIE MUTTER KANN IHRE JUNGEN IM STEHEN SÄUGEN.

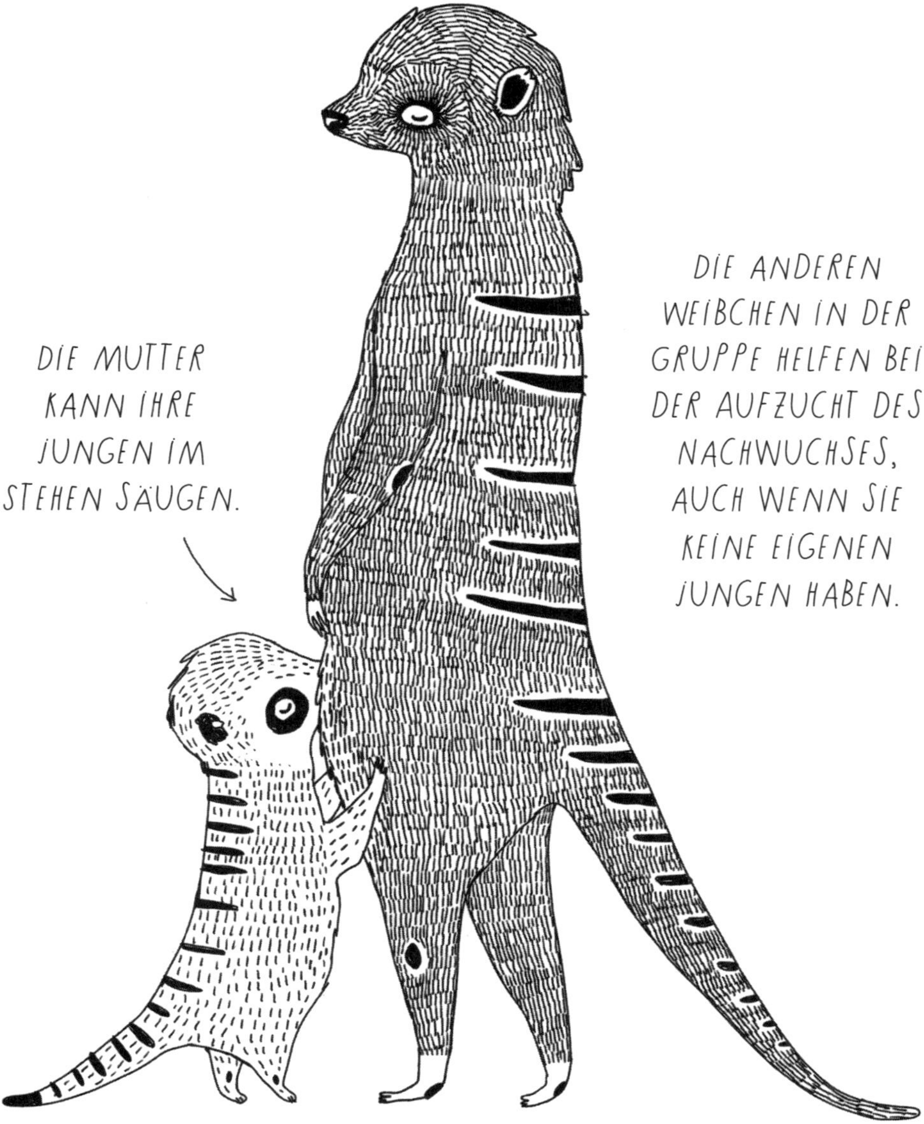

DIE ANDEREN WEIBCHEN IN DER GRUPPE HELFEN BEI DER AUFZUCHT DES NACHWUCHSES, AUCH WENN SIE KEINE EIGENEN JUNGEN HABEN.

BABY**BISONS** WERDEN WEGEN IHRES ROTGOLDENEN FELLS »RED DOGS« (ROTE HUNDE) GENANNT.

IM ALTER VON
EIN PAAR
MONATEN
FÄRBT SICH IHR
FELL BRAUN.

HÜHNERARTIGE VÖGEL, DIE IN SEHR TROCKENEN GEBIETEN IHRE NESTER AM BODEN BAUEN

UM IHRE KÜKEN MIT FLÜSSIGKEIT ZU VERSORGEN, FLIEGEN **FLUGHUHN**VÄTER ZUM WASSER, TAUCHEN KURZ EIN UND FLIEGEN WIEDER ZURÜCK.

SIE HABEN AM BAUCH BESONDERE, HAARÄHNLICHE FEDERN, DIE DAS WASSER AUFSAUGEN, DAS DER NACHWUCHS DANN AUS DEM GEFIEDER SAUGEN KANN.

WASSER

IN MANCHEN ORCAFAMILIEN BLEIBEN DIE KINDER IHR GANZES LEBEN LANG BEI IHREN MÜTTERN.
WO MEINE GROßMUTTER IST, DA BIN ICH DAHEIM.
MUTTER
TANTE

ORCAWEIBCHEN KÖNNEN NOCH SEHR LANGE LEBEN, WENN SIE SCHON ZU ALT GEWORDEN SIND, UM NACHWUCHS ZU GEBÄREN.

DIE ÜBERLEBENSCHANCE EINES ORCAJUNGEN IST GRÖßER, WENN SEINE GROßMUTTER IN DER NÄHE IST.

UM IHRE EIER VOR RÄUBERN
ZU SCHÜTZEN, NISTEN

WEIẞWANGENGÄNSE

AN HOHEN KLIPPEN.

BEVOR DIE KÜKEN FLIEGEN LERNEN,
MÜSSEN SIE SICH AUS DEM NEST
STÜRZEN, UM HINUNTER ZU IHREN
ELTERN ZU GELANGEN.

400 METER
HINAB
↓

HÄLTST DU DAS WIRKLICH FÜR EINE GUTE IDEE?
SELBST-VERSTÄNDLICH, SCHATZ. WAS SOLL DENN DABEI SCHIEFGEHEN?

BRAUNBÄRENMÄNNCHEN SIND DARAUF AUS, ALLE JUNGEN, DIE NICHT IHRE EIGENEN SIND, ZU TÖTEN. DESWEGEN PAAREN SICH DIE WEIBCHEN OFT MIT MEHREREN MÄNNCHEN: JEDER SOLL DENKEN, ER WÄRE DER VATER DES NACHWUCHSES.

JA, DIE JUNGEN EINES WURFES KÖNNEN SOGAR VERSCHIEDENE VÄTER HABEN!

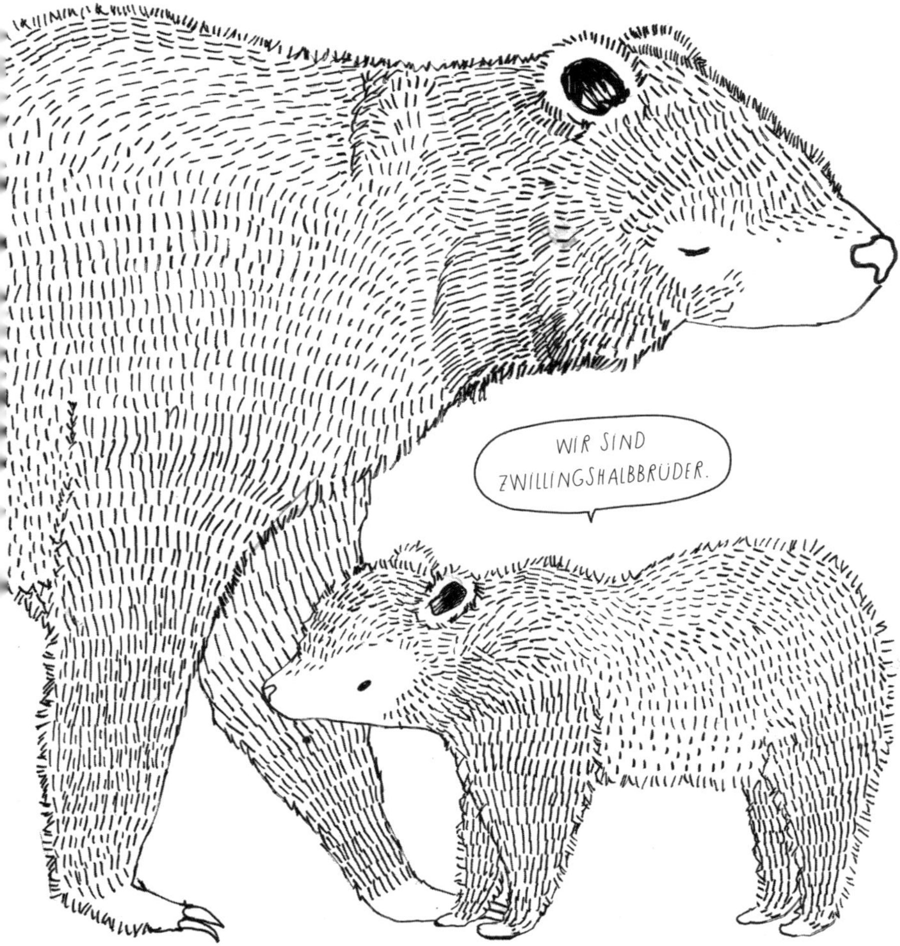

DIE MILCH VON

KEGELROBBEN

IST GEHALTVOLLER ALS SAHNE, SODASS DIE JUNGEN KEGELROBBEN, SOLANGE SIE GESÄUGT WERDEN, AM TAG BIS ZU ZWEI KILO ZUNEHMEN!

NACH DREI WOCHEN ZUSAMMEN MIT IHREM JUNGEN PAART SICH DAS SEGELROBBENWEIBCHEN ERNEUT. AB DA MUSS DAS JUNGE ALLEIN ZURECHTKOMMEN.

ES DAUERT ETWA NEUN MONATE, BIS DAS NÄCHSTE JUNGE IN IHREM BAUCH HERANGEWACHSEN IST.

DOCH KEGELROBBEN BEKOMMEN IHREN NACHWUCHS GERN JAHR FÜR JAHR ZUR SELBEN ZEIT. SIE KÖNNEN DIE TRÄCHTIGKEIT UM MEHRERE MONATE AUFSCHIEBEN, UM DEN ZEITPLAN ZU ERFÜLLEN!

SIND WIRKLICH NACKT

NACKTMULLE LEBEN IN UNTERIRDISCHEN KOLONIEN. DIE GÄNGE EINER EINZELNEN KOLONIE KÖNNEN MEHRERE KILOMETER LANG SEIN (UND SIE GRABEN SIE MIT DEN ZÄHNEN!).

DIE KÖNIGIN IST DER CHEF. SIE IST AUCH DIE MUTTER ALLER BABYS, DIE IN DER KOLONIE GEBOREN WERDEN.

ALLE ANDEREN ERWACHSENEN TIERE SIND IHRE ARBEITERINNEN UND ARBEITER.

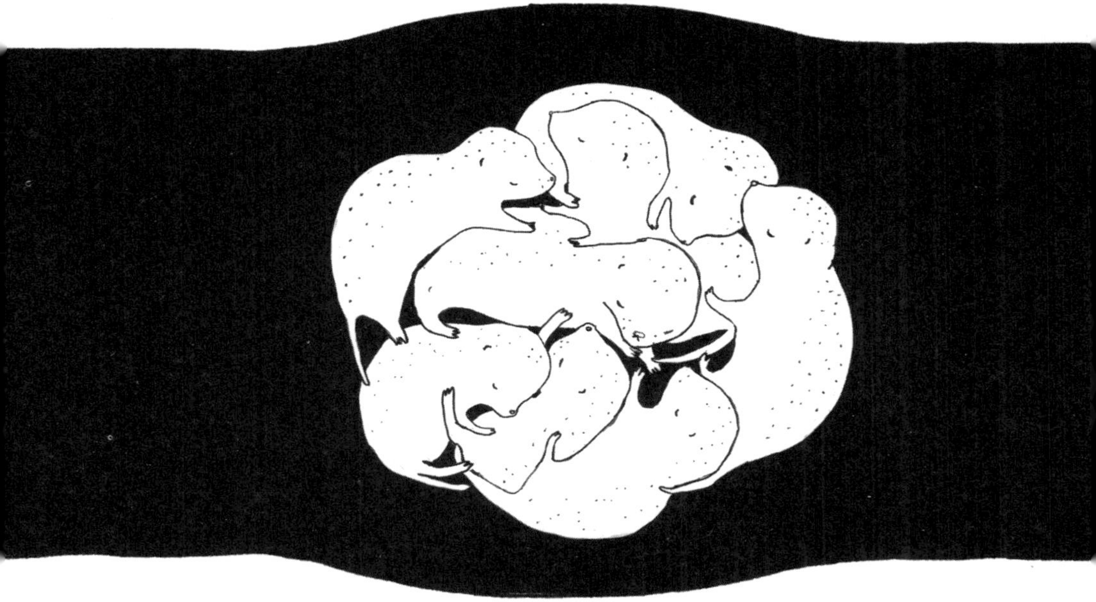

TIERE, DIE DEN KOT DER KÖNIGIN FRESSEN, KÜMMERN SICH BEREITWILLIGER UM IHREN NACHWUCHS!

ETWA EIN VIERTEL ALLER

TRAUERSCHWANPAARE

SIND HOMOSEXUELL!

UM EIGENEN NACHWUCHS ZU BEKOMMEN, PAAREN SICH MÄNNLICHE PAARE VORÜBERGEHEND MIT EINEM WEIBCHEN UND ZIEHEN DIE KÜKEN DANN OHNE DIESES AUF.

STUDIEN HABEN GEZEIGT, DASS DER NACHWUCHS, DER VON ZWEI MÄNNCHEN AUFGEZOGEN WIRD, EINE GRÖßERE ÜBERLEBENSCHANCE HAT, ALS DIE JUNGEN, DIE VON EINEM MÄNNCHEN UND EINEM WEIBCHEN AUFGEZOGEN WERDEN.

TENREKS

SIND IGELÄHNLICHE TIERE, DIE AUF MADAGASKAR LEBEN UND IN EINEM WURF BIS ZU 32 JUNGE BEKOMMEN KÖNNEN.

TENREKS HABEN EIN SCHLECHTES SEHVERMÖGEN. WENN SIE SICH GEGENSEITIG NICHT VERLIEREN WOLLEN, SCHLEIFEN SIE MANCHMAL MIT DEM BAUCH ÜBER DEN BODEN UND HINTERLASSEN EINE DUFTSPUR.

32 JUNGE, DAS SIND SO VIELE:

TENREKS KOMMUNIZIEREN MITEINANDER, INDEM SIE IHRE STACHELN ANEINANDERREIBEN …

… UM VERSCHIEDENE RASSELNDE GERÄUSCHE ZU ERZEUGEN.

SOWOHL DIE MUTTER ALS AUCH DER VATER

FLAMINGOELTERN FÜTTERN IHRE KÜKEN MIT EINER (ROTEN!) MILCH AUS IHREN SCHNÄBELN.

DURCH DIE MILCH VERÄNDERT SICH DAS DAUNENKLEID VON GRAUWEIß ZU ROSA!

DAS WEIBCHEN DER

PAZIFISCHEN RIESENKRAKE

LEGT NUR EINMAL IM LEBEN EIER. SIE SUCHT SICH EINE HÖHLE UND HÄNGT DIE EIER AN DIE DECKE. DANN BLEIBT SIE ÜBER MONATE (MANCHMAL SOGAR ÜBER JAHRE) BEI DEN EIERN.

OHNE ZU FRESSEN.

IN DIESER ZEIT WEDELT SIE UNABLÄSSIG MIT DEN ARMEN, UM DIE VERSORGUNG DER EIER MIT FRISCHWASSER SICHERZUSTELLEN.

DIE FRISCH GESCHLÜPFTEN KRAKEN SEHEN AUS WIE MINIATURVERSIONEN IHRER ELTERN. SIE HABEN SOGAR SAUGNÄPFE AN DEN ARMEN.

WENN DIE KRAKEN SCHLÜPFEN, PUSTET DIE MUTTER IHREN NACHWUCHS MIT LETZTER KRAFT AUS DER HÖHLE IN DEN WEITEN OZEAN. DANN STIRBT SIE.

BIBERJUNGE
KÖNNEN VOM
ERSTEN LEBENSTAG AN
SCHWIMMEN!

PANGOLINE

TRAGEN IHREN NACHWUCHS AUF DEM SCHWANZ!

UND SIE SCHÜTZEN IHRE
JUNGEN BEI GEFAHR, INDEM
SIE SICH UM SIE HERUM
EINROLLEN WIE EINE KUGEL!

GESPENSTSCHRECKEN

KÖNNEN OHNE MÄNNCHEN EIER LEGEN UND NACHWUCHS BEKOMMEN. (AUS DIESEN EIERN SCHLÜPFEN IMMER WEIBCHEN.)

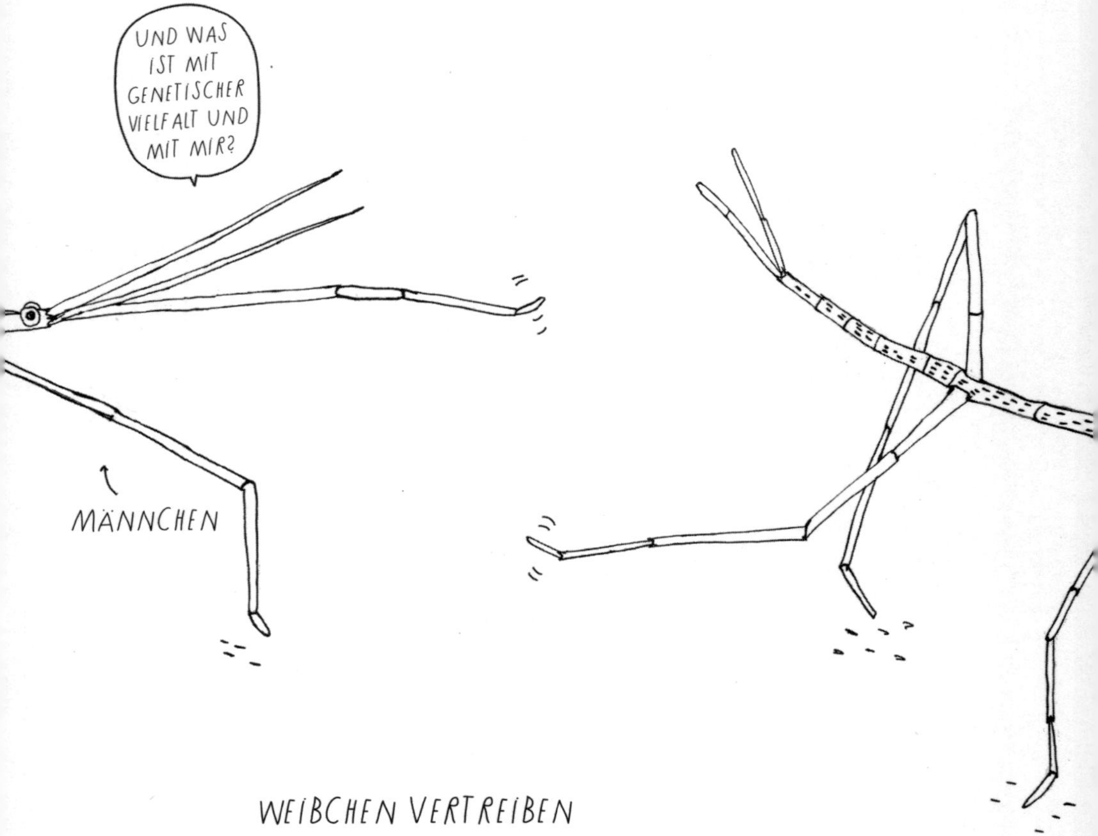

WEIBCHEN VERTREIBEN MÄNNCHEN SOGAR MIT TRITTEN, WENN DIESE SICH NÄHERN.

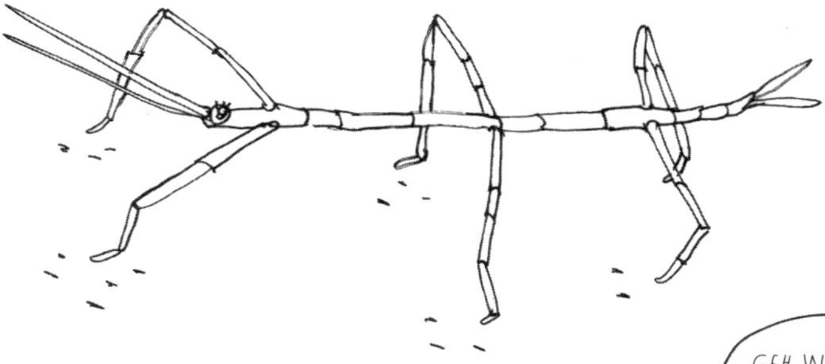

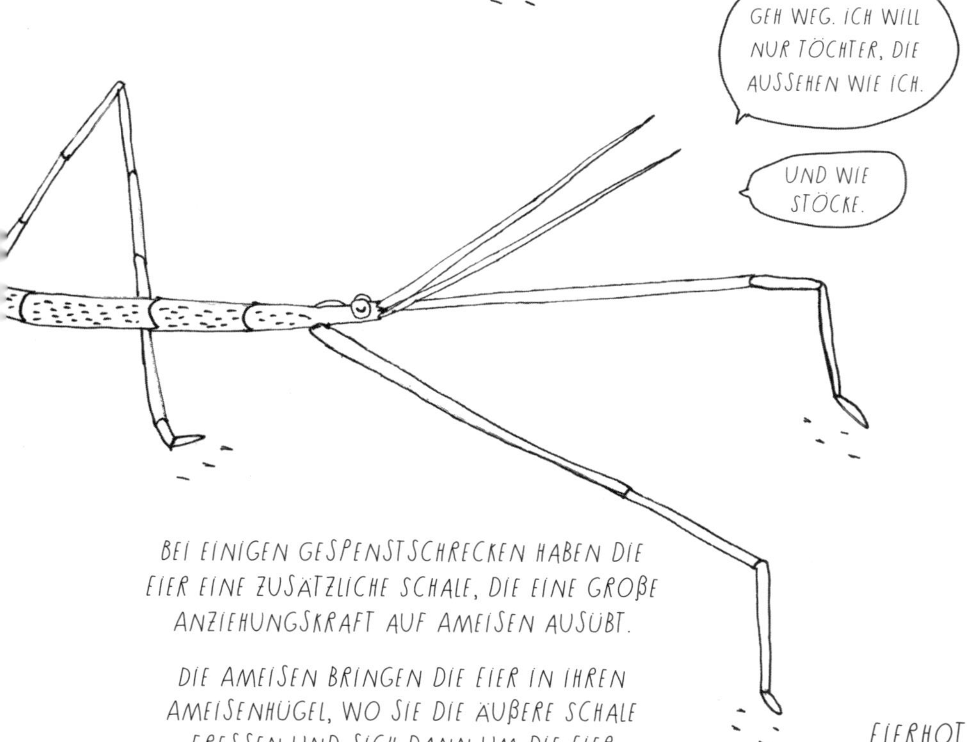

BEI EINIGEN GESPENSTSCHRECKEN HABEN DIE EIER EINE ZUSÄTZLICHE SCHALE, DIE EINE GROßE ANZIEHUNGSKRAFT AUF AMEISEN AUSÜBT.

DIE AMEISEN BRINGEN DIE EIER IN IHREN AMEISENHÜGEL, WO SIE DIE ÄUßERE SCHALE FRESSEN UND SICH DANN UM DIE EIER KÜMMERN, BIS DIE GESPENSTSCHRECKEN SCHLÜPFEN.

GIRAFFEN GEBÄREN IHRE JUNGEN IM STEHEN. IHR ERDENDASEIN BEGINNT ALSO DAMIT, DASS SIE ZWEI METER ZU BODEN PLUMPSEN.

SIE SCHEINEN GUT DAMIT KLARZUKOMMEN, DENN INNERHALB VON EINER HALBEN STUNDE MÜSSEN SIE AUF EIGENEN BEINEN STEHEN UND MIT DER GRUPPE WEITERZIEHEN.

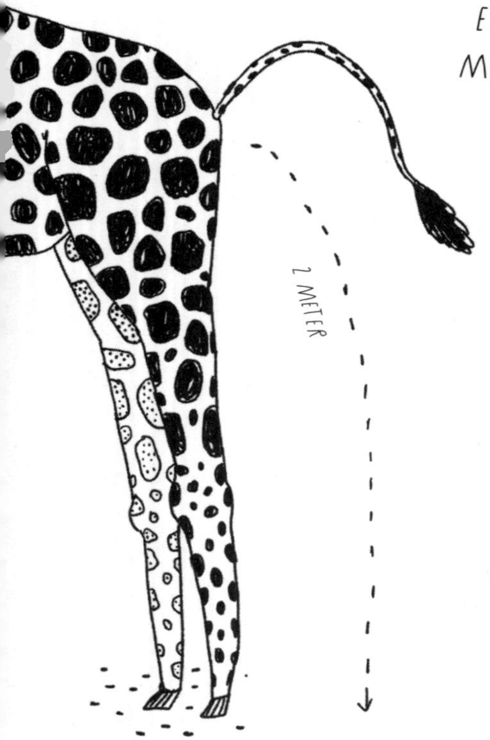

WENN EINE JUNGGIRAFFE SICH AUSRUHEN MUSS, BETTET SIE DEN KOPF AUF DEN PO!

GIRAFFEN ERBEN IHR MUSTER VON IHREN MÜTTERN.

DANKE

DANIEL, ESTRID & WILLE,
IHR BEDEUTET MIR ALLES!

JESSIKA & ANNA,
IHR SEID DIE BESTEN FREUNDINNEN, DIE EINE FRAU SICH WÜNSCHEN KANN.

SANNA
DAFÜR, DASS SIE MICH UNABLÄSSIG ZU EINEM BESSEREN MENSCHEN MACHT.

FELICITAS
DAFÜR, DASS SIE VOLLER LIEBE UND ENERGIE IST!

KAITLIN & EMMA:
ICH BIN UNENDLICH DANKBAR, MIT EUCH ZUSAMMEN-ZUARBEITEN!

DIDRIK,
FÜR INSPIRIERENDE GESPRÄCHE!

LOVISA,
WEIL SIE IMMER DAFÜR SORGT, DASS ICH MICH TOLL FÜHLE.

STELLA, ALBERT, MAMMA & PAPPA,
ICH LIEBE EUCH!

TINI
FÜR DEINE TOLLEN IDEEN!

JULIA & ADAM
DAFÜR, DASS SIE MIR DABEI DIE HAND HALTEN!

MARIE & HANNA
FÜR EURE GEDULD UND NICHT NACHLASSENDE UNTERSTÜTZUNG.

MARTIN EMTENÄS
DAFÜR, DASS DU DIR DIE ZEIT NIMMST, DEINE GEDANKEN UND DEIN WISSEN MIT MIR ZU TEILEN.

LOU-AVEN
FÜR ALL DEINE HILFE.

MAJA SÄFSTRÖM LEBT ALS ILLUSTRATORIN UND AUTORIN IN STOCKHOLM UND HAT SICH MIT IHREN SKURRILEN TIERZEICHNUNGEN UND BÜCHERN EINEN INTERNATIONALEN RUF ERWORBEN. WER MEHR ÜBER IHRE ARBEIT WISSEN WILL, KANN SIE AUF WWW.MAJASBOK.COM BESUCHEN.

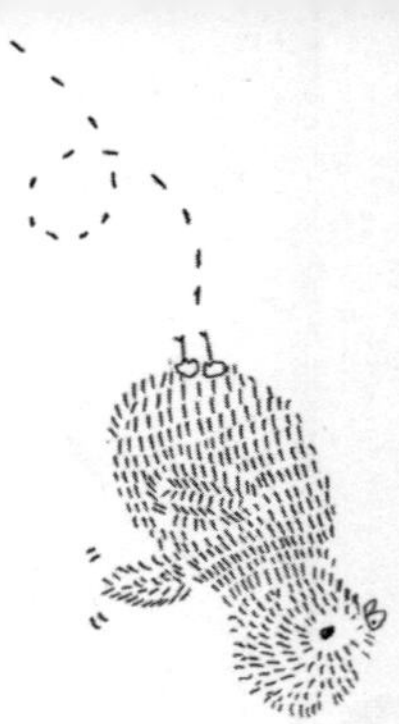

Die amerikanische Originalausgabe erschien 2019 unter dem Titel *Amazing Facts About Baby Animals: An Illustrated Compendium* bei Ten Speed Press, New York.

FSC
www.fsc.org
MIX
Papier aus verantwortungsvollen Quellen
FSC® C083411

Penguin Random House Verlagsgruppe FSC® N001967

1. Auflage 2020

This translation is published by arrangement with Ten Speed Press, an imprint of the Crown Publishing Group, a division of Penguin Random House LLC.
Umschlaggestaltung: Bürosüd unter Verwendung von Illustrationen von Maja Säftström
Satz: MR
Druck und Bindung: CPI books GmbH, Leck
Printed in the Czech Republic
ISBN 978-3-328-10572-5
www.penguin-verlag.de

Dieses Buch ist auch als E-Book erhältlich.